ひとり分から作れる
麺の本

市瀬悦子 著

> 麺だから早い、かんたん!
> ひとり分でも作りやすい!

はじめに

時間がないとき、ごはんが炊きあがるのを待てないとき……
おうちに麺があるとすごく安心。
さっと作れるし、どんな具を合わせてもいいし、
ひとり分から作れてしっかりおなかも満たされるから、
麺はえらいなって思います。
我が家でも、休日の昼ごはんや、
軽くすませたい晩ごはんには麺が大活躍。
ちょっとした工夫でおいしく食べられて、
ボリューム満点の一皿も
サラッと軽めの一杯も思いのまま。
手を抜きたい日でも、料理が初めての人でも
おいしく作れるのが麺のいいところなんですよね。

この本では、定番から意外な組み合わせまで、
いろいろな麺料理を紹介しています。
とにかく簡単なレシピなので、気楽に作ってみてください。
レシピをもとに好みの麺や具の組み合わせにアレンジするのもあり。
ぜひ自分だけのお気に入り麺を見つけて楽しんでくださいね！

市瀬悦子

CONTENTS

はじめに ——————————————————————— 3

麺のゆで方 ——————————————————————— 8

Column 01／肉みそストック ——————————— 16

本書のきまり ————————————————————— 17

PART1 超ラク麺

釜たまねぎチーズうどん ——————————————— 20

たらこバターじょうゆうどん ————————————— 22

オニスラおかかの冷やしラーメン —————————— 24

温たまザーサイチーズ和え麺 ———————————— 26

ツナとねぎのマヨラーうどん ————————————— 28

バタポンゆかりしらすパスタ ————————————— 30

貝割れキムチの温たまのっけそば —————————— 32

なめたけアボカドわさびパスタ ——————————— 34

豆腐納豆パスタ ——————————————————— 36

パセリとナッツのオリーブじょうゆそうめん ————— 38

Column 02／あると便利な薬味 ——————————— 40

PART2 うどん

カリカリじゃこと揚げ玉のぶっかけうどん —————— 44

さばキムチの旨塩うどん —————————————— 46

焼き鳥缶の親子豆乳うどん ————————————— 48

たっぷり野菜のみそごまだれつけうどん —————— 50

肉みそうどん	52
鶏と焼きねぎのみぞれうどん	54
かぼちゃとコーンのみそバターうどん	56
屋台風ソース焼きうどん	58
肉豆腐うどん	60
さんま缶と春菊のポン酢マスタード和えうどん	62
蕎麦屋のカレーうどん	64
パッタイ風うどん	66
水菜の明太バターうどん	68
どて焼きうどん	70
豚とトマトのしょうが焼きうどん	72
なめこかきたまうどん	74
ダブルきつねうどん	76

Column 03／関西風つゆの作り方	78
Column 04／関東風つゆの作り方	80
Column 05／讃岐風つゆの作り方	82

PART3 中華麺

たらとニラのピリ辛和え麺	86
蒸しなすとツナのおろしきゅうり和え麺	88
黒ごま坦々麺	90
桜えびとねぎのしょうゆラーメン	92
豚こまと小松菜のレンジソース焼きそば	94
カリカリ麺のあんかけ焼きそば	96
マーボーラーメン	98
しば漬け昆布の和風和え麺	100
サンラータンつけ麺	102
蒸し鶏のごまだれ冷やし中華	104

焼き肉サラダ麺	106
台湾風焼きそば	108
えびとキャベツのレンジ焼きそば	110
納豆スンドゥブラーメン	112
コンビーフとじゃがいものソース焼きそば	114
ちゃんぽん風ラーメン	116
アボカドドライカレー焼きそば	118
フレッシュサラダ塩焼きそば	120

Column 06／中華麺のおとも 味付け卵　　　122

PART4 パスタ

フレッシュトマトのナポリタン	126
ちくわとなめたけのバターじょうゆパスタ	128
生ハムとじゃがいものペッパーチーズパスタ	130
アボカドサルサの冷製パスタ	132
目玉焼きとほうれん草の和風パスタ	134
焼き油揚げと三つ葉の和風カルボナーラ	136
コクみそ即席ミートソース	138
ツナと水菜のジンジャーパスタ	140
白菜とベーコンの柚子こしょうクリームパスタ	142
チャーシューとわかめの中華風パスタ	144
失敗なしのカルボナーラ	146
小えびとブロッコリーの豆乳クリームパスタ	148
じゃことクレソンのペペロンチーノ	150
肉みそとししとうのピリ辛パスタ	152
牛肉とごぼうのきんぴらパスタ	154
豚カルビのねぎ塩パスタ	156
生ハムとセロリのコンソメスープパスタ	158

あさりと小松菜の和風だしパスタ ——————————— 160

Column 07／パスタのちょい足しアレンジ ——————— 162

PART5 そば・そうめん

ちくわとオクラの辛子和えそば ——————————— 166
トマトチーズそば ————————————————— 168
納豆とろろつけそば ———————————————— 170
せん切り野菜とかにかまの和えそば ————————— 172
揚げ玉親子そば ————————————————— 174
生ハム南蛮そば ————————————————— 176
なすとおかかのごまみそつゆそば ————————— 178
豚バラときのこのつけそば ————————————— 180
ソースバターコーン焼きそば ———————————— 182
豚しゃぶ梅おろしそうめん ————————————— 184
きゅうりともやしのビビン風そうめん ——————— 186
卵だけのそうめんチャンプルー ——————————— 188
あさりのフォー風そうめん ————————————— 190
ささみとわかめの柚子こしょうにゅうめん ————— 192
トマトつゆのサラダそうめん ———————————— 194
きゅうりとしょうがのもずく酢そうめん ——————— 196
あっさり薬味塩にゅうめん ————————————— 198
トマトとアンチョビのオリーブじょうゆそうめん ——— 200

麺のゆで方

まずは、基本の麺のゆで方を紹介します。
ちょっとしたコツでおいしく仕上がるので、
ぜひ覚えておきましょう。

冷凍麺(うどん)

1 鍋にたっぷりの湯を沸かし、凍ったままの麺を入れる。

2 麺が軽くほぐれるまで強火のままゆでる。菜箸で麺をほぐしながら袋の表示時間を目安にゆでる。

3 ゆで上がったらざるにあげ、湯をきる。
※温かくして食べる場合はそのまゝ使う。

4 ボウルに水を張り、流水の下でもみ洗いしてぬめりを落とす。ざるにあげ、水を替えて洗う作業を2〜3回繰り返し、麺をしめる。

5 ざるにあげ、しっかりと水気をきる。ざるを斜めに傾けてふると、残っている水が落ちやすい。

〈電子レンジを使う場合〉

耐熱皿に凍った冷凍麺を内袋のままのせ、表示時間通りに加熱する。
※レシピ内では手早く作れる電子レンジを使っています。

生麺(中華麺)

1. 生麺1玉(1人分)に対し、鍋は直径21cm以上のものがよい。麺が広がりやすいように、鍋に入れる前に軽くほぐしておく。

2. 鍋にたっぷりの湯を沸かし、麺を入れる。すぐに菜箸でほぐしながら、袋の表示時間を目安にゆでる。湯がふきこぼれないように火加減を弱める。

3. ゆで上がったらざるにあげ、湯をきる。炒めたり、汁麺にする場合はやや固めに、冷やす場合はやわらかめにゆでる。
※温かくして食べる場合はそのまま使う。

4 ボウルに水を張り、流水の下でもみ洗いしてぬめりを落とす。ざるにあげ、水を替えて洗う作業を2〜3回繰り返し、麺をしめる。

5 ざるにあげ、しっかりと水気をきる。ざるを斜めに傾けてふると、残っている水が落ちやすい。

スパゲティー

1. スパゲティー80ｇ（1人分）に対し、湯２ℓを沸かし、塩大さじ1強（湯の1％）を入れる。スパゲティーを両手で持ち、軽く絞るようにして鍋に入れる。

2. すぐにスパゲティーを湯の中に沈める。麺がくっつかないように菜箸でほぐしながら、袋の表示時間を目安にゆでる。湯がふきこぼれないように火加減を弱め、途中で1〜2度ほぐす。
※ゆで汁を使う場合は、ここで取り分けておく。

3 ゆで上がったらざるにあげ、湯をきる。炒めたり、汁麺にする場合はやや固めに、冷やす場合はやわらかめにゆでる。※温かくして食べる場合はそのまま使う。

4 ボウルに水を張り、流水の下でもみ洗いしてぬめりを落とす。ざるにあげ、水を替えて洗う作業を2〜3回繰り返し、麺をしめる。

5 ざるにあげ、しっかりと水気をきる。ざるを斜めに傾けてふると、残っている水が落ちやすい。

乾麺（そば・そうめん）

1. 乾麺（そば）100ｇ（1人分）に対し、鍋は直径21㎝以上のものがよい。鍋にたっぷりの湯を沸かし、麺を広げて入れる。

2. すぐに菜箸でほぐす。麺を入れた後、再び煮立つまでは麺がくっつきやすいので注意する。湯が煮立ったら、火加減を弱めて袋の表示時間を目安にゆでる。

3. ゆで上がったらざるにあげ、湯をきる。炒めたり、汁麺にする場合はやや固めに、冷やす場合はやわらかめにゆでる。

4 ボウルに水を張り、流水の下でもみ洗いしてぬめりを落とす。ざるにあげ、水を替えて洗う作業を4〜5回繰り返し、麺をしめる。

5 ざるにあげ、しっかりと水気をきる。ざるを斜めに傾けてふると、残っている水が落ちやすい。
※温かくして食べる場合は、もう一度熱湯で温める。

Column
01

肉みそストック

**肉みそを作り置きしておくと、いざというときに大助かり。
うどん、中華麺、スパゲティーなど、どんな麺とも相性がよく、
麺レシピのレパートリーが広がります。**

材料（作りやすい分量）※約3食分

豚ひき肉…300g

にんにく（みじん切り）…1かけ分

長ねぎ（粗みじん切り）…1本分

豆板醤（トウバンジャン）…小さじ½

A しょうゆ…大さじ1

酒…大さじ4と½

赤みそ（なければみそ）…大さじ1と½

砂糖…大さじ1

片栗粉…小さじ⅔

ごま油…大さじ½   ※P52、P90、P152で使います。

作り方

フライパンにごま油、にんにく、長ねぎ、豆板醤を入れ、中火に
かけて炒める。香りが立ったら、豚肉を加えて炒め、肉の色が
変わったらAを加え、とろみがつくまで炒める。バットなどに
取り出し、粗熱がとれたら保存容器に入れて冷蔵庫で保存する。
1週間くらいを目安に食べきる。

本書のきまり

● 材料はすべて1人分です。

● 小さじ1は5ml、大さじ1は15ml、
　1カップは200mlです。

● 電子レンジは600Wでの加熱時間です。500Wの場
　合は、1.2倍の加熱時間を目安に調節してください。
　また、加熱時間は機種によって異なることがあります
　ので、様子を見ながら加減してください。

● レシピ内の卵はLサイズのものを使用しています。

PART 1
超ラク麺

麺をゆでたら、具をのっけて和えるだけ!
本当にすぐできる超ラク麺です。
「今日は何もしたくない!」っていう日でも、
これならあっという間に作れちゃいます。

釜たまねぎチーズうどん

ラク麺の大定番・釜たまうどん。
うどんをゆでたら、熱いうちに
卵黄をからめて召し上がれ。
粉チーズでコクを加えるとよりおいしい！

材料(1人分)

冷凍うどん…1玉
わけぎ(小口切り)…3本分
粉チーズ…大さじ1
卵黄…1個分
しょうゆ…小さじ2

作り方

1 うどんは袋の表示通りに電子レンジで加熱し、器に盛る。
2 1にわけぎをのせて、粉チーズをふり、卵黄をのせる。しょうゆを回しかける。

たらこバターじょうゆうどん

たらことバターの黄金コンビは間違いなしのおいしさ！
レモンを搾ると、見た目よりも
さっぱりといただけます。

材料(1人分)

冷凍うどん…1玉
たらこ…½腹(40g)
レモン(くし形切り)…1切れ
バター…10g
粗びき黒こしょう、しょうゆ…各少々

作り方

1　たらこはほぐす。
2　うどんは袋の表示通りに電子レンジで加熱し、ボウルに入れる。
3　2に1を加え、ざっくりと和えて器に盛る。レモンを搾ってバターをのせ、黒こしょうをふる。しょうゆを回しかける。

オニスラおかかの
冷やしラーメン

暑い夏にぴったりの冷やしラーメン。
玉ねぎ、おかか、塩昆布でさっぱり
仕上げているので、食欲のないときでもつるっと食べられます。

材料(1人分)

中華生麺…1玉
玉ねぎ…¼個
削り節…小1袋(3g)
塩昆布…大さじ1と½
A | ポン酢しょうゆ…大さじ1
　 | ごま油…小さじ1

作り方

1 玉ねぎは薄切りにして水にさらし、水気をきる。ボウルに入れ、削り節、塩昆布を加えて和える。

2 中華生麺は熱湯でゆでる。冷水で洗い、水気をきって器に盛る。

3 2に1をのせ、Aを混ぜ合わせてかける。

温たまザーサイチーズ和え麺

ザーサイとカッテージチーズって意外と合うんです！
とろ〜り温泉卵ものっけて、
中華麺を洋風にアレンジしました。

材料(1人分)

中華生麺…1玉

味付けザーサイ…大さじ1と½

カッテージチーズ…大さじ6

A 麺つゆ(3倍濃縮)…大さじ1
　 コチュジャン、ごま油…各小さじ1

温泉卵…1個

ラー油…少々

作り方

1 味付けザーサイは細切りにする。

2 中華生麺は熱湯でゆでる。冷水で洗い、水気をきる。

3 ボウルにAを入れて混ぜ合わせ、1、2、カッテージチーズ
　 を加えて和え、器に盛る。温泉卵をのせ、ラー油をかける。

ツナとねぎのマヨラーうどん

サラダ感覚でいただける冷やしうどん。
みんな大好きなツナマヨに、
長ねぎ、しょうが、麺つゆがよく合います。

材料(1人分)

冷凍うどん…1玉

ツナ缶…½缶(40g)

長ねぎ…⅓本

しょうが(すりおろす)…¼かけ分

麺つゆ(3倍濃縮)…大さじ1

マヨネーズ、ラー油…各適量

刻みのり…適量

作り方

1 ツナは汁気をきり、長ねぎは斜め薄切りにしてさっと水にさらし、水気をきる。ボウルにツナ、長ねぎ、しょうがを入れてざっくりと和える。

2 うどんは袋の表示通りに電子レンジで加熱する。冷水で洗い、水気をきって器に盛る。

3 2に1をのせ、麺つゆ、マヨネーズ、ラー油をかけ、刻みのりをのせる。

バタポンゆかりしらすパスタ

ゆかりの香りがさわやかな和風パスタ。バターとゆかりが
相性バツグンで、一皿ペロッと食べられちゃいます。

材料(1人分)

スパゲティー…80ｇ

しらす…大さじ1と½

ゆかり…小さじ1

A｜ポン酢しょうゆ…小さじ1
　｜バター…10ｇ

三つ葉(ざく切り)…適量

作り方

1 スパゲティーは塩適量(分量外)を加えた熱湯でゆでる。

2 ボウルに1、しらす、ゆかり、Aを入れ、和える。器に盛り、
　三つ葉をのせる。

貝割れキムチの
温たまのっけそば

キムチとそばの組み合わせがおいしい一品。
温泉卵がキムチの辛さを
まろやかにしてくれます。飲んだあとの〆にも合いそう。

材料（1人分）

そば（乾麺）…100ｇ

貝割れ菜…⅓束

白菜キムチ…50ｇ

温泉卵…1個

A　しょうゆ…小さじ2
　　ごま油…大さじ½
　　白いりごま…大さじ½

作り方

1　貝割れ菜は根元を切り落とし、白菜キムチは食べやすく切る。

2　そばは熱湯でゆでる。冷水で洗い、水気をきってボウルに
　　入れる。

3　2に1、Aを加えて和え、器に盛る。温泉卵をのせる。

なめたけアボカドわさびパスタ

スパゲティーにアボカドの濃厚なコクと
なめたけの旨味がからんで美味。
練りわさびのピリッとした辛味も効いています。

材料(1人分)

スパゲティー…80g

なめたけ…大さじ3

アボカド…½個

A 麺つゆ(3倍濃縮)…小さじ1

オリーブオイル…大さじ½

練りわさび…小さじ¼

万能ねぎ(斜め切り)…適量

作り方

1 アボカドは1cm角に切る。

2 スパゲティーは塩適量(分量外)を加えた熱湯でゆでる。

3 ボウルにAを入れ、混ぜ合わせる。2、なめたけ、1を加え、
  和える。器に盛りつけ、万能ねぎをのせる。

豆腐納豆パスタ

豆腐のまろやかさが納豆のネバネバ、
臭みをやわらげてくれます。
納豆が苦手な人でも食べやすいのでぜひ試してみて。

材料(1人分)

スパゲティー…80g

木綿豆腐…⅓丁(100g)

納豆…1パック

納豆の添付たれ…1袋

A｜ 麺つゆ(3倍濃縮)…大さじ1
　｜ ごま油…大さじ1

青のり…適量

作り方

1　ボウルに豆腐を入れてフォークでくずし、納豆、添付たれを
　　加えてよく混ぜ合わせる。

2　スパゲティーは塩適量(分量外)を加えた熱湯でゆでる。

3　ボウルにAを入れて混ぜ合わせ、2を加えて和える。器に
　　盛り、1をのせ、ボウルに残ったつゆをかけて青のりをふる。

パセリとナッツの
オリーブじょうゆそうめん

ナッツの歯ごたえがアクセントの和え麺です。
そうめんにオリーブオイルとしょうゆの組み合わせも新鮮です。

材料(1人分)

そうめん…2束(100g)

ミックスナッツ(おつまみ用)…大さじ4

パセリ(みじん切り)…大さじ2

A　しょうゆ…小さじ2

　　オリーブオイル…小さじ2

作り方

1　ミックスナッツは粗く刻む。

2　そうめんは熱湯でゆでる。冷水で洗い、水気をきる。

3　ボウルにAを入れて混ぜ合わせ、2、1、パセリを加えて和える。

Column 02 あると便利な薬味

**薬味は麺のおいしさを引き立てる名脇役。
どの麺とも相性バツグンで、
常備しておくと重宝する薬味を紹介します。**

万能ねぎ
何にでも合う、まさに万能なねぎ。小口切りにしてさまざまな麺に合わせます。

しょうが
しょうがの辛味がアクセントにぴったり。つけ汁に加えても美味。

みょうが
せん切りにして使います。独特の風味があり、大人向けの薬味。

青じそ
手でちぎるとしその香りが広がります。さっぱり食べたいときにもおすすめ。

長ねぎ（白髪ねぎ）
万能ねぎにくらべると控えめな香りですが、シャキシャキの食感がおいしい。

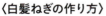

〈白髪ねぎの作り方〉
長ねぎの白い部分を5cm程度の長さに切り、縦に切り込みを入れて芯を取り除く。繊維に沿って細いせん切りにする。

PART2
うどん

大人も子どもも大好きなうどんは、
もちもちの食感とつるっとしたのど越しが魅力。
肉や魚との相性もよく、温かくしても冷やしても
おいしい懐の深さがあるんです。

カリカリじゃことの
揚げ玉のぶっかけうどん

カリッと炒めたじゃこの食感と風味がアクセント！
揚げ玉や卵黄も入っているから満腹感もあり、
しっかり食べたいときにおすすめです。

材料（1人分）

冷凍うどん…1玉	**A** 麺つゆ（3倍濃縮）
ちりめんじゃこ…大さじ2	…大さじ1
揚げ玉…大さじ2	しょうが（すりおろす）
長ねぎ（小口切り）…適量	…¼かけ分
卵黄…1個分	冷水…¼カップ
ごま油…大さじ½	七味唐辛子…適量

作り方

1 フライパンにごま油を入れて弱火で熱し、ちりめんじゃこを
  炒める。4〜5分炒めてこんがりしたら取り出してボウルに
  入れ、揚げ玉を加えて混ぜる。

2 うどんは袋の表示通りに電子レンジで加熱し、冷水で洗っ
  て水気をきり、器に盛る。

3 2に1と長ねぎをのせて七味唐辛子をふる。Aを混ぜ合
  わせてかけ、卵黄をのせる。

さばキムチの旨塩うどん

さばとキムチの相性がバツグン！
塩味のスープで麺の白さが引き立ち、キムチの赤、
万能ねぎの緑が揃った、目にもおいしいボリューム麺。

材料(1人分)

冷凍うどん…1玉
さば水煮缶…½缶(100g)
白菜キムチ…50g
万能ねぎ…3本

A　酒…大さじ½
　　鶏ガラスープの素
　　…小さじ¼
　　塩…小さじ¼
　　にんにく(すりおろす)、
　　こしょう…各少々
　　冷水…⅓カップ

作り方

1　さばは汁気をきって粗くほぐし、ボウルに入れる。白菜キムチは食べやすい大きさに、万能ねぎは5cm長さに切ってボウルに加える。

2　うどんは袋の表示通りに電子レンジで加熱する。冷水で洗い、水気をきって器に盛る。

3　1をざっくりと和えて2にのせ、Aを混ぜ合わせてかける。

焼き鳥缶の親子豆乳うどん

缶詰を使ってパパッと簡単にできちゃうのに、
しっかりと味のついた焼き鳥と豆乳つゆ、
温泉卵がマッチして奥深い味わいに。

材料(1人分)

冷凍うどん…1玉

焼き鳥缶…1缶(85g)

温泉卵…1個

A 麺つゆ(3倍濃縮)…大さじ1と½
　豆乳…¼カップ

白いりごま…適量

作り方

1 うどんは袋の表示通りに電子レンジで加熱する。冷水で洗い、水気をきって器に盛る。

2 1に焼き鳥、温泉卵をのせる。Aを混ぜ合わせてかけ、白ごまをふる。

たっぷり野菜の
みそごまだれつけうどん

野菜をおいしく食べられる、みそごまだれがポイント。
稲庭風うどんはのど越しもよく、
食欲がないときでもこれなら大丈夫。

材料(1人分)

冷凍うどん(稲庭風)…1玉　　　A｜麺つゆ…小さじ2
いんげん…6本　　　　　　　　　｜みそ…大さじ1
キャベツ…1枚(50g)　　　　　　｜白すりごま…大さじ2
　　　　　　　　　　　　　　　　｜冷水…½カップ

作り方

1　いんげんは半分の長さに、キャベツはひと口大に切る。い
　　んげんは1分ほど、キャベツはさっと熱湯でゆでてざるにあげ、
　　水気をきる。

2　うどんは袋の表示通りに電子レンジで加熱する。冷水で洗
　　い、水気をきってざるに盛る。

3　1を2に添える。Aを混ぜ合わせて器に入れ、麺をつけな
　　がらいただく。

51

肉みそうどん

たっぷりの肉みそを麺にからめながらいただきます。
とろっと半熟にゆでた卵やシャキッとした
野菜を添えれば一皿で大満足。

材料(1人分)

冷凍うどん…1玉
肉みそストック(P16参照)…⅓量
きゅうり…⅓本
長ねぎ…¼本
ゆで卵(半熟)…1個

作り方

1　きゅうりは細切り、長ねぎはせん切りにして水にさらし、水
　　気をきる。ゆで卵は半分に切る。
2　うどんは袋の表示通りに電子レンジで加熱する。冷水で洗
　　い、水気をきって器に盛る。
3　2に肉みそ、1をのせる。

鶏と焼きねぎのみぞれうどん

焼いた鶏肉が香ばしく、焼きねぎの甘みと
大根おろしのさっぱり感がたまらない一杯。
男女ともに喜ばれる大人向けのうどんです。

材料(1人分)

冷凍うどん…1玉	A 麺つゆ(3倍濃縮)
鶏もも肉…½枚(120g)	…大さじ1
長ねぎ…½本	塩…小さじ⅓
大根おろし…80g	水…2カップ
サラダ油…小さじ1	三つ葉(ざく切り)…適量

作り方

1 鶏肉はひと口大に、長ねぎは5cm長さに切る。

2 フライパンにサラダ油を強めの中火で熱し、1の鶏肉の皮
   目を下にして入れる。こんがりと焼き色がついたら長ねぎ
   を加えて焼きつけ、取り出す。

3 鍋にAを入れて混ぜ合わせ、中火にかけて煮立ったら、2
   を加える。アクを取り、弱めの中火にしてさらに3分ほど煮る。
   大根おろしの半量を加えて混ぜる。

4 うどんは袋の表示通りに電子レンジで加熱して器に盛り、
   3をかける。残りの大根おろし、三つ葉をのせる。

かぼちゃとコーンの
みそバターうどん

**かぼちゃとコーンの自然な甘さとみそとバターのコクが合う、
ほっこり心も体も温まる一杯。夜食にもおすすめです。**

材料（1人分）

冷凍うどん…1玉

かぼちゃ…80ｇ

ホールコーン缶…大さじ4

A｜麺つゆ（3倍濃縮）…大さじ1
｜水…2カップ

みそ…大さじ1と½

バター…適量

作り方

1 かぼちゃは1㎝厚さのいちょう切りにする。コーンは汁気を
 きる。

2 鍋に**A**を入れて混ぜ合わせ、中火にかけて煮立ったら**1**
 を加える。弱めの中火で4〜5分煮る。みそを溶き入れ、ひ
 と煮立ちさせる。

3 うどんは袋の表示通りに電子レンジで加熱して器に盛り、
 2をかけ、バターをのせる。

56 PART 2 うどん

屋台風ソース焼きうどん

ちくわやキャベツなど家にある材料で
手軽にできる焼きうどん。
たっぷりからんだ中濃ソースと青のりで
屋台気分が味わえます。

材料(1人分)

冷凍うどん…1玉
ちくわ…小2本
キャベツ…2枚(100 g)
A｜ 酒…小さじ1
　｜ 中濃ソース…大さじ3
　｜ 塩、こしょう…各少々
サラダ油…小さじ1
青のり、紅しょうが…各適量

作り方

1　ちくわは斜め薄切り、キャベツはひと口大に切る。うどんは
　　袋の表示通りに電子レンジで加熱する。

2　フライパンにサラダ油を入れて中火で熱し、キャベツを炒める。
　　しんなりとしたら、ちくわ、うどん、Aを加えて、さっと炒める。

3　器に2を盛り、青のりをふって、紅しょうがを添える。

59

肉豆腐うどん

おかずとして人気のある肉豆腐と
うどんを合わせた新発想の一杯。
すき焼きの〆で食べるうどんのような味を
手軽に楽しめます。

材料(1人分)

冷凍うどん…1玉	**A** しょうゆ、みりん
牛切り落とし肉…60g	…各大さじ1と½
木綿豆腐…⅓丁(100g)	砂糖…大さじ1
長ねぎ…½本	水…½カップ
長ねぎの青い部分…½本	七味唐辛子…少々
卵…1個	

作り方

1 豆腐は手でひと口大にちぎる。長ねぎは青い部分も合わせ
  て1cm厚さの斜め切りにする。うどんは袋の表示通りに電
  子レンジで加熱する。

2 フライパンに **A** を入れて混ぜ合わせて中火にかける。煮立っ
  たら、牛肉と **1** の豆腐、ねぎを加え、ときどき返しながら弱
  めの中火で5分ほど煮る。

3 器に **1** のうどんを盛り、**2** をかけ、卵を割り入れる。七味唐
  辛子をふる。

さんま缶と春菊の
ポン酢マスタード和えうどん

さんまのかば焼きの甘さと生の春菊の苦み、
ポン酢の酸味が絶妙なバランスです。
ちょっぴり入れたオリーブオイルが全体のまとめ役に。

材料(1人分)

冷凍うどん(稲庭風)…1玉
さんまかば焼き缶…1缶(100g)
春菊…⅓袋(30g)

A	ポン酢しょうゆ…大さじ½
	オリーブオイル…大さじ½
	粒マスタード…小さじ1

作り方

1 さんまは汁気をきって、粗くほぐす。春菊は葉を摘む。

2 うどんは袋の表示通りに電子レンジで加熱する。冷水で洗い、水気をきる。

3 ボウルに **A** を入れて混ぜ合わせ、**1** と **2** を加えて和え、器に盛る。

蕎麦屋のカレーうどん

お店みたいな味が家で食べられる秘密はカレー粉にあり。
しっかりと炒めて香りを充分引き出すのがおいしく作るコツ!

材料(1人分)

冷凍うどん…1玉

豚こま切れ肉…60g

しいたけ…2枚

サラダ油…大さじ½

カレー粉…大さじ½

A 麺つゆ(3倍濃縮)…¼カップ

水…1と½カップ

水溶き片栗粉…大さじ3(片栗粉大さじ1＋水大さじ2)

長ねぎ(小口切り)…適量

作り方

1 しいたけは薄切りにする。

2 鍋にサラダ油を入れて中火で熱し、豚肉を炒める。肉の色
が変わったら1を加えて炒める。しんなりしたらカレー粉
を加え、粉っぽさがなくなるまで炒める。Aを加え、煮立っ
たら水溶き片栗粉を加え、とろみをつける。

3 うどんは袋の表示通りに電子レンジで加熱して器に盛る。
2をかけて長ねぎをのせる。

パッタイ風うどん

**ナンプラーの香りが食欲をそそる、
タイ風焼きそば・パッタイをうどんでアレンジ。
稲庭風うどんを使えば食感もそっくりに仕上がります。**

材料(1人分)

冷凍うどん(稲庭風)…1玉
むきえび…5尾
もやし…½袋(100g)
ニラ…¼束(25g)
卵…1個
にんにく(みじん切り)
…⅓かけ分
ピーナッツ(刻む)…適量

サラダ油…大さじ½
A ┌ ナンプラー…小さじ2
　　│ トマトケチャップ、
　　│ 砂糖、レモン汁
　　│ …各小さじ½
　　└ 一味唐辛子…少々
パクチー(刻む)…適量
レモン(くし形切り)…適量

作り方

1 むきえびは背ワタがあれば取る。ニラは5cm長さに切る。卵は溶きほぐす。うどんは袋の表示通りに電子レンジで加熱する。

2 フライパンにサラダ油、にんにくを入れて中火で熱し、香りが出るまで炒める。**1**のむきえびを加え、えびの色が変わったらもやし、溶き卵の順に加えて炒める。**1**のうどん、混ぜ合わせた**A**を加えて炒め、ニラを加えてさっと炒める。

3 器に**2**を盛り、ピーナッツをふる。パクチー、レモンを添える。

水菜の明太バターうどん

明太子とバターの組み合わせはうどんにもぴったり。
水菜のシャキッとした食感が加わって、
ペロッといけちゃう一皿です。

材料(1人分)

冷凍うどん…1玉
水菜…1株(30g)
辛子明太子…½腹(40g)
バター…10g
のり…適量

作り方

1 水菜は5cm長さに切る。辛子明太子はほぐす。

2 うどんは袋の表示通りに電子レンジで加熱し、ボウルに入れる。

3 2にバターを加えてからめ、1を加えて和える。器に盛り、のりをちぎってのせる。

どて焼きうどん

牛肉やごぼうの旨味たっぷりの汁をうどんがしっかりと吸って、
どて焼きのこっくりとしたおいしさが味わえます。
一味をピリッと効かせて。

材料（1人分）

冷凍うどん…1玉	**A** 酒…大さじ1と½
牛切り落とし肉…80g	みりん…大さじ½
ごぼう…⅓本（60g）	しょうゆ…少々
サラダ油…小さじ1	みそ…大さじ1
わけぎ（小口切り）…適量	砂糖…大さじ½
一味唐辛子…少々	

作り方

1 ごぼうはささがきにしてさっと水にさらし、水気をきる。うどんは袋の表示通りに電子レンジで加熱する。

2 フライパンにサラダ油を入れて中火で熱し、**1**のごぼうを炒める。しんなりとしたら牛肉を加えて炒め、肉の色が変わったら、**1**のうどん、混ぜ合わせた**A**を加え、炒め合わせる。

3 器に盛り、わけぎをのせて一味唐辛子をふる。

豚とトマトの
しょうが焼きうどん

**熱々のしょうが焼きを冷たいうどんといっしょにいただきます。
トマトの酸味が豚肉と相性バツグンで、満足感ある一品に。**

材料(1人分)

冷凍うどん…1玉	**A** しょうゆ…小さじ2
豚こま切れ肉…60g	酒…大さじ½
トマト…小1個(80g)	みりん…大さじ½
玉ねぎ…¼個	しょうが(すりおろす)
サラダ油…小さじ1	…⅓かけ分
レタス(ひと口大にちぎる)	砂糖…小さじ1
…適量	マヨネーズ…適量

作り方

1 トマトはくし形切り、玉ねぎは横に1cm幅に切る。

2 うどんは袋の表示通りに電子レンジで加熱する。冷水で洗って水気をきり、器に盛る。

3 フライパンにサラダ油を入れて中火で熱し、豚肉、**1**の玉ねぎを焼きつけながら炒める。肉の色が変わって玉ねぎがしんなりとしたら、**1**のトマトと混ぜ合わせた**A**を加えてさっと炒める。

4 **2**に**3**をのせ、レタス、マヨネーズを添える。

なめこかきたまうどん

なめこのとろみで卵と麺が汁によくからんで
おいしくいただけます。ほっとするやさしい味は、
年代を問わず誰からも好かれるはず。

材料(1人分)

冷凍うどん(稲庭風)…1玉

卵…1個

なめこ…1袋(100g)

A 麺つゆ(3倍濃縮)…大さじ4

　水…1と½カップ

貝割れ菜(根元を切る)…適量

作り方

1 卵は溶きほぐす。なめこはざるに入れ、さっと洗う。

2 鍋に A を入れて混ぜ合わせ、中火にかける。煮立ったら、
　1 のなめこを加えてさっと煮る。溶き卵を回し入れ、ふわっ
　と浮いたら火を止める。

3 うどんは袋の表示通りに電子レンジで加熱し、器に盛る。
　2 をかけ、貝割れ菜をのせる。

ダブルきつねうどん

大きなお揚げが2枚も入ったきつねうどん好きには
たまらない一杯。レシピは関西風つゆですが、お好みで
関東風つゆや讃岐風つゆも試してみてください。

材料(1人分)

冷凍うどん…1玉

油揚げ…2枚

A だし汁…¾カップ

　 しょうゆ…小さじ2

　 砂糖…大さじ1

関西風つゆ(P78参照)…1と½カップ

長ねぎ(小口切り)…適量

七味唐辛子…少々

作り方

1　油揚げはたっぷりの熱湯で1〜2分ゆでて油抜きし、ざる
　 にあげて水気をきる。鍋にAを入れて混ぜ、中火にかける。
　 煮立ったら油揚げを広げて入れ、落としぶたをして弱めの
　 中火で6〜7分煮含める。

2　関西風つゆを温める。

3　うどんは袋の表示通りに電子レンジで加熱し、器に盛る。
　 2をかけ、1と長ねぎをのせ、七味唐辛子をふる。

76　PART 2　うどん

Column
03

関西風つゆの作り方

昆布の旨味が感じられ、薄口しょうゆのすっきりとした
色合いが魅力の関西風つゆ。うどんはもちろん、
そばやそうめんに合わせてもおいしくいただけます。

材料(作りやすい分量)

だし	水…5カップ	薄口しょうゆ…大さじ½
	昆布…5㎝×2枚(10ｇ)	みりん…大さじ½
	削り節…20ｇ	塩…小さじ1

作り方

[だしをとる]

1　昆布はよく絞ったふきんでさっとふく。

2　鍋に水、**1**を入れ、30分浸してから弱めの中火にかける。
フツフツと泡が出てきたら昆布を取り出す。**(a)**

3　沸騰したら削り節を加え、弱火で5分ほど煮出す。

4　火を止め、削り節が沈んだら、キッチンペーパーを敷いたざ
るでこす。**(b)**

[仕上げる]

4のだしに、薄口しょうゆ、みりん、塩を入れてひと煮立ちさせる。
(c)

78　PART 2　うどん

関東風つゆの作り方

Column 04

たっぷり使った削り節の香りと
しょうゆの色合いが関東風ならでは。
存在感のある味わいです。

材料(作りやすい分量)

だし｜水…5カップ
　　｜削り節…45g
しょうゆ、みりん…各大さじ3と½
塩…少々

作り方

1 鍋に水を入れて沸騰させ、削り節を入れる(a)。弱火で5分ほど煮出す。
2 火を止め、削り節が沈んだら、キッチンペーパーを敷いたざるでこす。
3 2のだしにしょうゆ、みりん、塩を入れてひと煮立ちさせる。(b)

Column 05
讃岐風つゆの作り方

讃岐風つゆは、煮干しを使っただしが特徴。
砂糖も加わり、上品で奥深い香りと
旨味が楽しめます。

材料(作りやすい分量)

だし | 水…5カップ
　　 | 昆布…5㎝角(5ｇ)
　　 | 煮干し…20ｇ
　　 | 削り節…15ｇ

薄口しょうゆ…大さじ1と½
みりん、砂糖…各小さじ1
塩…小さじ½

作り方

1 昆布はよく絞ったふきんでさっとふく。煮干しは頭とワタを取り除く。(a)
2 鍋に水、**1** を入れ、30分浸してから弱めの中火にかける。フツフツと泡が出てきたら昆布を取り出す。
3 沸騰したら削り節を加え、弱火で5分ほど煮出す。
4 火を止め、削り節が沈んだら、キッチンペーパーを敷いたざるでこす。
5 **4** のだしに、薄口しょうゆ、みりん、砂糖、塩を入れてひと煮立ちさせる。(b)

a

b

PART3
中華麺

がっつり食べたいときは中華麺におまかせ。
野菜や肉を組み合わせれば、
ボリューム満点の一皿になります。
汁あり、汁なし、焼きそばなど、
多彩なバリエーションを楽しんで。

たことニラのピリ辛和え麺

暑い夏にビールといっしょに食べたくなるピリ辛麺。
生のニラとたこの食感がアクセントになって、
箸が止まらなくなるおいしさです。

材料（1人分）

中華生麺…1玉
ゆでたこ…100g
ニラ…¼束（25g）

A | しょうゆ…大さじ½
みりん…小さじ½
ごま油…大さじ½
コチュジャン…小さじ1

白いりごま…適量

作り方

1 たこはそぎ切りにする。ニラは小口切りにする。

2 中華生麺は熱湯でゆでる。冷水で洗い、水気をきる。

3 ボウルにAを入れて混ぜ合わせ、1、2を加えて和える。器に盛り、白ごまをふる。

蒸しなすとツナの
おろしきゅうり和え麺

おろしたきゅうりが麺とからみ、グリーンがとっても涼やか。
おなじみの素材もひと工夫すると
新鮮な気持ちで食べられます。

材料(1人分)

中華生麺…1玉

なす…1本

ツナ缶…½缶(40g)

きゅうり…1本

A|しょうゆ…小さじ2
|酢…小さじ1
|ごま油…大さじ½

作り方

1 なすはピーラーで皮をむき、ラップで包む。電子レンジで1
分30秒加熱し、冷水にとって冷やす。粗熱がとれたら水気
を絞り、手で食べやすくさいてボウルに入れる。ツナは汁気
をきってボウルに加え、軽く混ぜ合わせる。きゅうりはすり
おろす。

2 中華生麺は熱湯でゆでる。冷水で洗い、水気をきって別の
ボウルに入れる。

3 2に1のきゅうりを加えて和え、器に盛る。1のなすとツナ
をのせ、混ぜ合わせたAをかける。

88　PART 3　中華麺

黒ごま坦々麺

肉みそストックを使うからあっという間に
坦々麺ができちゃいます。黒ごまの風味と2種類の
ねぎがよく合ってお店みたいな仕上がりに。

材料（1人分）

中華生麺…1玉	**A**	しょうゆ…大さじ½
肉みそストック（P16参照）		鶏ガラスープの素
…⅓量		…小さじ½
豆乳（成分無調整）…½カップ		豆板醤…小さじ1
長ねぎ（せん切り）、		黒練りごま…大さじ1
万能ねぎ（小口切り）、		黒すりごま…大さじ½
ラー油…各適量		水…1と½カップ

作り方

1 鍋に黒練りごま、黒すりごまを入れ、水を少しずつ加えて溶き混ぜる。残りの **A** と肉みそストックを加えて混ぜ、中火にかけて温める。煮立ったら豆乳を加え、沸騰させないように温める。

2 中華生麺は熱湯でゆでる。水気をきって器に盛る。

3 2に1をかける。長ねぎ、万能ねぎを混ぜてのせ、ラー油をかける。

90　PART 3　中華麺

桜えびとねぎの
しょうゆラーメン

桜えびはそのまま食べれば香ばしく、
スープに浸してやわらかくすれば、あっさりしょうゆスープに
えびの風味が加わって2度おいしい!

材料(1人分)

中華生麺…1玉

桜えび…大さじ2

長ねぎ…½本

A｜ しょうゆ…大さじ1

　　鶏ガラスープの素…大さじ½

　　塩…小さじ¼

　　こしょう…少々

　　水…2カップ

作り方

1　長ねぎは斜め薄切りにして水にさらし、水気をきる。ボウル
　　に長ねぎを入れて桜えびを加え、ざっくりと混ぜる。

2　鍋にAを入れて混ぜ、中火にかけ、ひと煮立ちさせる。

3　中華生麺は熱湯でゆで、水気をきって器に盛る。2をかけ、
　　1をのせる。

豚こまと小松菜の
レンジソース焼きそば

材料を合わせてレンジでチンするだけなのでラクラク作れ、
暑い季節にはうれしい調理法。
フライパンで炒めるよりもしっとりとした仕上がりです。

材料(1人分)

中華蒸し麺…1玉
豚こま切れ肉…60g
小松菜…⅓束(約80g)

A | 酒…小さじ1
　 | 中濃ソース…大さじ3
　 | 塩、こしょう…各少々

作り方

1 小松菜は5cm長さに切る。
2 直径20cmほどの耐熱ボウルに、中華蒸し麺、1、豚肉を重ねて入れ、Aを混ぜ合わせてかける。ふんわりとラップをかけ、電子レンジで5分30秒ほど加熱する。

カリカリ麺のあんかけ焼きそば

おいしく作るコツは麺をじっくり焼きつけること。
少しこげ目がつくくらい焼くと、
あんとからんでとろとろカリッとした食感が楽しめます。

材料（1人分）

中華蒸し麺…1玉
豚こま切れ肉…60g
塩、こしょう…各少々
白菜…小1枚（100g）
ごま油…大さじ1
水溶き片栗粉…大さじ3（片栗粉大さじ1＋水大さじ2）

A 鶏ガラスープの素…小さじ1
　オイスターソース…大さじ1
　しょうゆ、こしょう…各少々
　水…1と¼カップ

紅しょうが…適量

作り方

1 中華蒸し麺は電子レンジで1分ほど加熱する。豚肉は塩、こしょうをふり、白菜の軸は細切り、葉は大きめのひと口大に切る。

2 フライパンにごま油大さじ½を入れて中火で熱し、1の麺を加えてほぐし、丸く形を整える。木ベラで軽く押しつけながら3〜4分焼き、こんがり焼けたら裏返し、さらに3〜4分焼いて器に盛る。

3 2のフライパンにごま油大さじ½を入れて中火で熱し、1の豚肉を炒める。肉の色が変わったら、1の白菜の軸、葉の順に加えてさっと炒める。Aを混ぜ合わせて加え、煮立ったら、水溶き片栗粉を加えてとろみをつける。2にかけ、紅しょうがを添える。

マーボーラーメン

マーボー豆腐もラーメンも両方食べたい、
そんなよくばりな願いを叶えてくれる一杯。
具がたっぷり入っていておなかも大満足！

材料（1人分）

中華生麺…1玉

豚ひき肉…80ｇ

木綿豆腐…½丁（150ｇ）

長ねぎ（粗みじん切り）…⅓本分

にんにく（みじん切り）…⅓かけ分

豆板醤（トウバンジャン）…小さじ½

ごま油…小さじ1

水溶き片栗粉…大さじ3（片栗粉大さじ1＋水大さじ2）

A 鶏ガラスープの素…大さじ½

オイスターソース…大さじ1

みそ…大さじ½

こしょう…少々

水…2カップ

万能ねぎ（小口切り）…適量

ラー油…少々

作り方

1 豆腐は1.5cm角に切る。

2 フライパンにごま油、豆板醤、にんにくを入れて中火にかけ、香りが立ったら豚肉を加えて、ほぐしながら炒める。肉の色が変わったら長ねぎ、Aを混ぜて加え、煮立たせる。1を加えてさっと温め、水溶き片栗粉を加えてとろみをつける。

3 中華生麺は熱湯でゆでる。2に加えてさっと和え、器に盛る。万能ねぎをふり、ラー油を回しかける。

98　PART 3　中華麺

しば漬け昆布の和風和え麺

漬物と佃煮がしっかり麺にからんだ楽しい食感の和え麺。
油を使わず、水菜をたっぷり添えれば、
ヘルシーな一皿のできあがり。

材料(1人分)

中華生麺…1玉
しば漬け…大さじ3
昆布佃煮…大さじ2
麺つゆ(3倍濃縮)…大さじ1
水菜(ざく切り)…適量

作り方

1 しば漬けは粗く刻む。
2 中華生麺は熱湯でゆでる。冷水で洗い、水気をきってボウルに入れる。
3 2に1、昆布佃煮、麺つゆを加えて和える。器に盛り、水菜を添える。

サンラータンつけ麺

酸味とラー油のピリ辛が特徴のサンラータンを
つけ麺にアレンジ。とろみのある熱々のつけだれに
冷たい麺をからめていただきます。

材料(1人分)

中華生麺…1玉
長ねぎ…¼本
しいたけ…1枚
卵…1個
水溶き片栗粉…大さじ3
(片栗粉大さじ1+水大さじ2)
粗びき黒こしょう、ラー油…各少々

A | しょうゆ…大さじ1
酢…大さじ½
鶏ガラスープの素…小さじ½
砂糖、塩、こしょう…各少々
水…1カップ

作り方

1 長ねぎは細切り、しいたけは薄切りにする。卵は溶きほぐす。

2 鍋にAを入れて混ぜ合わせ、中火にかける。煮立ったら1
の長ねぎとしいたけを加えてさっと煮る。水溶き片栗粉を
回し入れ、とろみがついたら1の卵を流し入れ、ふわっと
浮いたらすぐに火を止めて器に盛る。黒こしょうをふり、ラー
油をかける。

3 中華生麺は熱湯でゆでる。冷水で洗い、水気をきって器に
盛る。2につけながらいただく。

102　PART 3　中華麺

マイナビ出版ファン文庫
速効!図解シリーズ
マイナビ新書
マイナビ公式就活BOOK
マイナビ将棋BOOKS

蒸し鶏のごまだれ冷やし中華

しょうがの効いたごまだれでさっぱりといただけます。
鶏肉がたっぷりのっているから、
夕飯やおもてなしにも喜ばれる一皿。

材料(1人分)

中華生麺…1玉
鶏もも肉…小1枚(200g)
きゅうり…½本
白髪ねぎ(P41参照)…¼本分
塩、こしょう…各少々
酒…大さじ1

A | しょうゆ…小さじ2
酢…大さじ1
しょうが(みじん切り)
…⅓かけ分
白練りごま…大さじ1と½
ラー油、砂糖、塩…各少々

作り方

1 鶏肉はフォークで皮面に穴をあけ、耐熱皿にのせる。塩、こしょう、酒をふり、ふんわりとラップをかけ、電子レンジで4分ほど加熱する。蒸し汁の中で冷まし、食べやすく切る。蒸し汁は取っておく。

2 きゅうりは細切りにする。

3 中華生麺は熱湯でゆでる。冷水で洗い、水気をきって器に盛る。1の鶏肉、2、白髪ねぎをのせ、Aと1の蒸し汁を混ぜ合わせてかける。

焼き肉サラダ麺

ビールがすすむ焼き肉とさわやかな
レモン風味の麺つゆを合わせたごちそう麺。
野菜もいっしょに食べられるからバランスもよし!

材料(1人分)

中華生麺…1玉

豚こま切れ肉…80g

サニーレタス…1枚

紫玉ねぎ(なければ玉ねぎ)…⅛個

サラダ油…小さじ1

焼き肉のたれ…大さじ1

A｜ 麺つゆ(3倍濃縮)
　｜ …大さじ1と½
　｜ レモン汁…大さじ1
　｜ 水…¼カップ

白いりごま、マヨネーズ
…各適量

作り方

1 サニーレタスはひと口大にちぎる。紫玉ねぎは薄切りにして水にさらし、水気をきる。

2 フライパンにサラダ油を入れて中火で熱し、豚肉を炒める。肉の色が変わったら、焼き肉のたれを加えてからめる。

3 中華生麺は熱湯でゆでる。冷水で洗い、水気をきって器に盛る。ボウルに **1** を入れてざっくりと混ぜて麺にのせ、その上に **2** をのせる。混ぜ合わせた **A** をかけ、白ごまをふってマヨネーズを添える。

台湾風焼きそば

コクのあるオイスターソースと五香粉の香りが台湾っぽい！
半熟に焼いた目玉焼きの黄身をつけながら食べても美味。

材料（1人分）

中華蒸し麺…1玉
豚ひき肉…80g
しいたけ…2枚
ほうれん草…⅛束（40g）
にんにく（みじん切り）…1かけ分
サラダ油…大さじ½
目玉焼き…1個分

A しょうゆ…大さじ½
酒…大さじ½
オイスターソース…大さじ½
赤唐辛子（輪切り）…½本分
黒糖（なければ砂糖）
…小さじ2
五香粉（あれば）…少々

作り方

1 しいたけは薄切りに、ほうれん草は5cm長さに切る。

2 中華蒸し麺は耐熱皿にのせ、ふんわりとラップをかけ、電子レンジで1分ほど加熱し、ほぐす。

3 耐熱容器にAを入れて混ぜ合わせ、ふんわりとラップをかけ、電子レンジで10〜20秒ほど加熱する。よく混ぜて、黒糖を溶かす。

4 フライパンにサラダ油、にんにくを入れて中火で熱し、香りが立ったらひき肉を炒める。肉の色が変わったら1を加えてさっと炒め、2、Aを加えて炒め合わせる。器に盛り、目玉焼きをのせる。

えびとキャベツの
レンジ焼きそば

えびのぷりぷり感とキャベツの歯ごたえがたまらない、
彩りのきれいな塩焼きそば。
にんにく風味があとを引くおいしさです。

材料(1人分)

中華蒸し麺…1玉
むきえび…5尾(50g)
キャベツ…1枚(50g)
にんにく(みじん切り)
…¼かけ分
粗びき黒こしょう、
レモン(半月切り)…各適量

A 酒…小さじ1
　ごま油…小さじ1
　塩…小さじ⅓
　こしょう…少々

作り方

1 むきえびはあれば背ワタを取る。キャベツはひと口大に切る。

2 直径20cmほどの耐熱ボウルに中華蒸し麺、にんにく、1の
　キャベツ、えびを重ねて入れ、Aを混ぜ合わせてかける。ふ
　んわりとラップをかけ、電子レンジで4分30秒ほど加熱する。

3 ラップをはずし、混ぜ合わせる。器に盛り、黒こしょうをふり、
　レモンを添える。

納豆スンドゥブラーメン

人気韓国料理のスンドゥブっぽい味が手軽に楽しめます。
豆腐と納豆が入った栄養豊富な一杯。
半熟卵はお好みで混ぜながら食べてもOK。

材料(1人分)

中華生麺…1玉
木綿豆腐…½丁(150ｇ)
白菜キムチ…60ｇ
納豆…1パック
卵…1個
万能ねぎ(斜め切り)…適量

A しょうゆ…大さじ1と½
鶏ガラスープの素
…小さじ½
にんにく(すりおろす)
…⅓かけ分
コチュジャン、砂糖、
白すりごま…各大さじ½
水…2カップ

作り方

1 豆腐は手で大きめのひと口大にちぎる。白菜キムチは食べ
やすく切る。

2 鍋にAを入れて混ぜ、中火にかける。煮立ったら、納豆、1
を加えてさっと煮る。卵を割り入れ、半熟に火を通す。

3 中華生麺は熱湯でゆで、水気をきって器に盛る。2をかけ、
万能ねぎをのせる。

コンビーフとじゃがいもの
ソース焼きそば

じゃがいもの表面をしっかり焼いて
カリッと仕上げるのがポイント。
コンビーフの塩気とソースのバランスが絶妙なおいしさです。

材料(1人分)

中華蒸し麺…1玉

じゃがいも…1個(120g)

コンビーフ缶…½缶(50g)

サラダ油…大さじ½

中濃ソース…大さじ2

粗びき黒こしょう…少々

練り辛子…適量

作り方

1 じゃがいもは皮付きのまま1cm厚さのくし形切りに、コンビーフはほぐす。耐熱皿に中華蒸し麺をのせ、ふんわりとラップをかけ、電子レンジで1分ほど加熱してほぐす。

2 フライパンにサラダ油を入れて中火で熱し、1のじゃがいもを入れる。3～4分焼いてこんがりとしたら裏返し、1のコンビーフをのせる。ふたをして、弱火で3～4分蒸し焼きにする。

3 2に1の中華蒸し麺、中濃ソースを加えて炒め、器に盛る。黒こしょうをふり、練り辛子を添える。

ちゃんぽん風ラーメン

具だくさんのちゃんぽんは大人も子どもも大好きな一品。
スープに加えた豆乳のまろやかさが全体をまとめてくれます。

材料（1人分）

中華生麺…1玉	A しょうゆ…小さじ1
キャベツ…小1枚（30g）	鶏ガラスープの素…小さじ½
もやし…½袋（100g）	塩…小さじ⅓
さつま揚げ…1枚	こしょう…少々
かまぼこ（ピンク）…2cm分（30g）	水…1カップ
にんにく（みじん切り）…⅓かけ分	豆乳（成分無調整）…1カップ
サラダ油…小さじ1	紅しょうが…適量

作り方

1 キャベツはひと口大、さつま揚げは細切り、かまぼこは薄切りにする。

2 鍋にAを入れて混ぜ、中火にかける。煮立ったら、豆乳を加え、沸騰させないように温める。

3 フライパンにサラダ油、にんにくを入れて中火で熱し、香りが立ったら1のキャベツを炒める。しんなりとしたらもやし、1のさつま揚げとかまぼこを加え、さっと炒める。

4 中華生麺は熱湯でゆで、水気をきって器に盛る。2をかけ、3をのせて紅しょうがを添える。

アボカドドライカレー焼きそば

ドライカレーの辛さをアボカドがやわらげてくれるから、
辛いものが苦手な人にもおすすめ。
中華麺を洋風に楽しめます。

・・

材料(1人分)

中華蒸し麺…1玉

合いびき肉…100g

玉ねぎ(みじん切り)…¼個分

にんにく(みじん切り)…¼かけ分

アボカド…小½個

サラダ油…小さじ2

	カレー粉…小さじ2
A	洋風スープの素…小さじ½
	トマトケチャップ…大さじ½
	ウスターソース…小さじ1
	塩、こしょう…各少々
	水…大さじ3

・・

作り方

1 アボカドは1.5cm角に切る。耐熱皿に中華蒸し麺をのせ、
  ふんわりとラップをかけ、電子レンジで1分ほど加熱し、ほぐす。

2 フライパンにサラダ油小さじ1を入れて中火で熱し、**1**の
  麺をさっと炒めて器に盛る。

3 フライパンにサラダ油小さじ1、にんにくを入れて中火で熱し、
  玉ねぎを炒める。しんなりとしたら合いびき肉を加え、ほぐ
  しながら炒める。肉の色が変わったらカレー粉を加えて炒
  め合わせ、粉っぽさがなくなったら **A** を加え、2〜3分煮る。

4 **3** に **1** のアボカドを加えてひと混ぜし、**2** にかける。

フレッシュサラダ塩焼きそば

野菜もたっぷり食べられるサラダ塩焼きそば。
ベーコン、マヨネーズ、粉チーズの組み合わせは
中華麺にもよく合います。

材料(1人分)

中華蒸し麺…1玉　　　　　　サラダ油…大さじ½

ベーコン…2枚　　　　　　　塩…ふたつまみ

ホールコーン缶…大さじ3　　こしょう…少々

ベビーリーフ…½袋　　　　　マヨネーズ、粉チーズ…各適量

作り方

1　ベーコンは細切りにする。コーンは汁気をきる。耐熱皿に
　　中華蒸し麺をのせ、ふんわりとラップをかけ、電子レンジで
　　1分ほど加熱し、ほぐす。

2　フライパンにサラダ油を入れて中火で熱し、1のベーコン
　　を炒め、こんがりと焼けたら取り出す。同じフライパンで1
　　の麺をさっと炒め、塩、こしょうをふって器に盛る。

3　ボウルに1のコーン、2のベーコン、ベビーリーフを入れ、ざっ
　　くりと混ぜて麺の上にのせる。マヨネーズをかけ、粉チーズ
　　をふる。

Column
06

中華麺のおとも
味付け卵

調味料が染み込んだ白身と、とろとろの黄身が絶品!
卵のゆで時間、漬け込む時間はお好みでどうぞ。
熱湯からゆでると殻がむきやすくなります。

材料(2個分)

卵…2個

A | しょうゆ…大さじ2
みりん…大さじ½
砂糖…小さじ2

作り方

1 卵は室温に20分ほどおく。

2 直径20cmほどの鍋に卵がかぶるくらいの湯を沸かし、**1** を
おたまでそっと入れる。

3 中火にし、好みのゆで加減にゆでる(加熱時間は右ページ
参照)。冷水にとって冷まし、殻をむく。

4 密閉式保存袋に **A** を入れて混ぜ、**3** を加えて袋の空気を
抜く。冷蔵庫で1〜2時間漬け込む。

122 　PART 3 　中華麺

卵のゆで時間

**6分～6分半
とろとろ半熟**

**9分
半熟**

**12分
ふつう**

PART4

パスタ

カルボナーラ、ナポリタン、ミートソース……etc.
人気の定番パスタはもちろん、
冷製やスープ仕立てなどアレンジは無限大。
麺の種類も豊富なので、
お好みの麺を見つけてください。

フレッシュトマトのナポリタン

食欲をそそる香りがたまらない、スパゲティーの王道。
生のトマトを使うとベタッとしすぎず、
麺にほどよくソースがからみます。

材料(1人分)

スパゲティー…80g

玉ねぎ(薄切り)…¼個分

トマト…½個(60g)

ピーマン(輪切り)…1個分

ソーセージ(小口切り)
…2本分

マッシュルーム缶…大さじ2

サラダ油…大さじ½

A | トマトケチャップ
   | …大さじ2〜3
   | 塩、こしょう…各少々

粉チーズ…適量

作り方

1 トマトは1cm角に切り、マッシュルームは汁気をきる。

2 スパゲティーは塩適量(分量外)を加えた熱湯で、袋の表
  示より1分ほど短くゆでる。

3 フライパンにサラダ油を入れて中火で熱し、玉ねぎを炒める。
  しんなりしたらソーセージ、1のマッシュルームを加えて炒め、
  ソーセージがこんがりとしてきたら、ピーマン、1のトマトを
  加えてさっと炒める。

4 2、Aを加えて炒め合わせる。器に盛り、粉チーズをふる。

ちくわとなめたけの
バターじょうゆパスタ

ちくわやなめたけなど和風素材を
ふんだんに使ったパスタです。
バターじょうゆがパスタと具材をしっかりまとめてくれます。

材料(1人分)

スパゲティー…80g

ちくわ(小口切り)…2本分

なめたけ…大さじ2

バター…10g

しょうゆ…大さじ½

青じそ(ちぎる)、刻みのり…各適量

作り方

1　スパゲティーは塩適量(分量外)を加えた熱湯で、袋の表
　　示通りにゆでる。途中でゆで汁大さじ2を取り分ける。

2　ボウルに1、ちくわ、なめたけ、バター、しょうゆを入れて和える。

3　器に盛り、青じそを散らして刻みのりをのせる。

生ハムとじゃがいもの
ペッパーチーズパスタ

ホクホクのじゃがいもと生ハムを塩味のパスタと
いっしょに召し上がれ。仕上げの粉チーズと
黒こしょうをしっかりふると味が決まります。

材料（1人分）

スパゲティー…80ｇ

じゃがいも…小1個（100ｇ）

生ハム…3枚

粉チーズ、粗びき黒こしょう…各適量

A｜オリーブオイル…大さじ½
　｜塩…ひとつまみ
　｜こしょう…少々

作り方

1　スパゲティーは塩適量（分量外）を加えた熱湯で、袋の表
　　示通りにゆでる。途中でゆで汁大さじ2を取り分ける。

2　じゃがいもはラップで包み、電子レンジで1分30秒、上下
　　を返してさらに1分30秒ほど加熱する。皮をむいてボウル
　　に入れ、フォークで粗くつぶす。生ハムは半分に切り、じゃ
　　がいもとさっと混ぜる。

3　ボウルに1、Aを加えて和え、器に盛る。2をのせ、粉チーズ、
　　黒こしょうをふる。

アボカドサルサの冷製パスタ

トマトの赤とアボカドのグリーンが清涼感ある冷たいパスタ。
スパゲティーは長めにゆでて冷水で引きしめると
もちもちに仕上がります。

材料(1人分)

スパゲティー…80g

アボカド…½個

トマト…小1個(80g)

ピーマン…1個

玉ねぎ(みじん切り)…⅛個分

A │ レモン汁…小さじ1
　│ オリーブオイル…大さじ1
　│ 塩…ふたつまみ
　│ こしょう…少々

作り方

1　スパゲティーは塩適量(分量外)を加えた熱湯で、袋の表示より2分ほど長めにゆでる。

2　アボカド、トマト、ピーマンは1cm角に切る。ボウルに**A**、玉ねぎを入れて混ぜ合わせ、野菜類を加えて和える。

3　**1**の湯をきって冷水で洗う。水気をきり、**2**に加えて和える。

目玉焼きとほうれん草の
和風パスタ

上にのせた具はお好みではじめに全部混ぜても、
混ぜずに麺といっしょに食べてもOK。
麺つゆとごま油がよくからんでおいしい。

材料(1人分)

スパゲティー…80ｇ
ほうれん草…⅓束(約70ｇ)
卵…1個
削り節…小1袋(3ｇ)
サラダ油…少々
麺つゆ(3倍濃縮)…少々

A｜麺つゆ(3倍濃縮)
　｜…大さじ1
　｜ごま油…小さじ1
　｜しょうが(すりおろす)
　｜…⅓かけ分

作り方

1　鍋にたっぷりの湯を沸かし、ほうれん草をさっとゆでる。冷水にとって冷まし、水気を絞って5cm長さに切る(同じ湯でスパゲティーをゆでる)。

2　1の湯に塩適量(分量外)を加え、スパゲティーを袋の表示通りにゆでる。

3　フライパンにサラダ油を中火で熱し、卵を割り入れ、目玉焼きを作る。

4　ボウルにAを入れて混ぜ合わせ、2を加えて和える。器に盛り、1と3、削り節をのせ、麺つゆをかける。

焼き油揚げと三つ葉の
和風カルボナーラ

**麺つゆと豆乳のソースで和風に仕上げたカルボナーラ。
ベーコンの代わりにパリッと焼いた油揚げがよく合います。**

材料(1人分)

スパゲティー…80ｇ

油揚げ…1枚

三つ葉…5〜6本

サラダ油…小さじ1

白すりごま…適量

A｜溶き卵…1個分

　｜豆乳(成分無調整)

　｜…¼ カップ

　｜麺つゆ(3倍濃縮)

　｜…小さじ1

　｜粉チーズ…大さじ1

作り方

1 油揚げは1cm幅に切る。三つ葉は葉を摘み、茎は3cm長さ
　に切る。

2 スパゲティーは塩適量(分量外)を加えた熱湯で、袋の表
　示通りにゆでる。

3 フライパンにサラダ油を入れて強めの中火で熱し、1の油
　揚げをこんがりするまで両面焼きつける。

4 ボウルにAを入れて混ぜ合わせ、2を加えて和える。器に
　盛り、3と1の三つ葉をのせて白ごまをふる。

コクみそ即席ミートソース

煮込まなくてもデミグラスソースとみそがマッチして
コクのある深い味わいに。生トマトの酸味もさわやかです。

材料（1人分）

スパゲティー…80g	**A** デミグラスソース缶
トマト…小1個（80g）	…大さじ4
合いびき肉…70g	洋風スープの素
玉ねぎ（みじん切り）…¼個分	…小さじ⅓
にんにく（みじん切り）…¼かけ分	トマトケチャップ…大さじ1
オリーブオイル…小さじ1	みそ…小さじ1
パセリ（みじん切り）…適量	塩、こしょう…各少々

作り方

1 トマトは1cm角に切る。

2 スパゲティーは塩適量（分量外）を加えた熱湯で、袋の表
示通りにゆでる。

3 フライパンにオリーブオイル、にんにくを入れて中火で熱し、
香りが立ったら玉ねぎを炒める。玉ねぎがしんなりとしたら
合いびき肉を加え、ほぐしながら炒める。肉の色が変わっ
たら **1**、**A** を混ぜ合わせて加え、1〜2分煮る。

4 器に **2** を盛る。**3** をかけ、パセリをふる。

138　PART 4　パスタ

ツナと水菜のジンジャーパスタ

水菜のシャキシャキとした食感が楽しめる一皿。
紫玉ねぎとツナの相性もよく、
しょうがが加わってさっぱりといただけます。

材料(1人分)

スパゲティー…80g
ツナ缶…½缶(40g)
水菜…½株(15g)
紫玉ねぎ(なければ玉ねぎ)…⅛個
しょうが(すりおろす)…½かけ分

A | 麺つゆ(3倍濃縮)…大さじ1
　 | オリーブオイル…大さじ½

作り方

1 スパゲティーは塩適量(分量外)を加えた熱湯で、袋の表示通りにゆでる。

2 ツナは汁気をきる。水菜はざく切り、紫玉ねぎは薄切りにする。

3 ボウルにAを入れて混ぜ合わせ、1を加えて和える。器に盛り、2としょうがをボウルでざっくりと混ぜてのせる。

白菜とベーコンの
柚子こしょうクリームパスタ

クリームパスタにピリッと効かせた柚子こしょうがたまらない！
白菜は葉と軸を分けて炒めるとほどよく食感が残ります。

材料（1人分）

スパゲティー…80ｇ		A	生クリーム…¼カップ
白菜…小1枚（100ｇ）			柚子こしょう…小さじ1
ベーコン…2枚			塩…少々
オリーブオイル…小さじ1			牛乳…¼カップ
			柚子こしょう…適宜

作り方

1 白菜は葉と軸に分け、葉は大きめのひと口大、軸は細切り
  にする。ベーコンは1cm幅に切る。

2 スパゲティーは塩適量（分量外）を加えた熱湯で、袋の表
  示より1分ほど短めにゆでる。

3 フライパンにオリーブオイルを入れて中火で熱し、**1**の白菜
  の軸とベーコンを炒める。しんなりとしたら葉を加え、さっ
  と炒める。**A**を混ぜ合わせて加え、煮立たせながら1分ほ
  ど煮る。

4 **3**に牛乳、**2**を加えてさっと和える。好みで柚子こしょうを
  添える。

チャーシューとわかめの
中華風パスタ

酢とごま油の力でさっぱりと食べられる一品。
貝割れ菜と辛子のピリッとした辛味で
食欲増進の効果もあるから暑い日におすすめ。

材料（1人分）

スパゲティー…80g	A　しょうゆ…小さじ2
チャーシュー…4枚	酢…小さじ1
乾燥わかめ…大さじ½	ごま油…大さじ½
貝割れ菜…¼パック	砂糖…小さじ½
	練り辛子…適量

作り方

1　スパゲティーは塩適量（分量外）を加えた熱湯で、袋の表示より2分ほど長めにゆでる。

2　チャーシューは細切りに、わかめはたっぷりの水で戻し、水気を絞る。貝割れ菜は根元を切る。

3　1の湯をきって冷水で洗い、水気をきってボウルに入れる。混ぜ合わせたA、2を加えてざっくりと混ぜる。器に盛り、練り辛子を添える。

失敗なしのカルボナーラ

失敗しないポイントは、火を止めてから卵黄を加えること。
余熱で火を通すからソースがとろ～り
絶品カルボナーラのできあがり！

材料(1人分)

スパゲティー…80g		A	生クリーム…½カップ
ベーコン…2枚			粉チーズ…大さじ1と½
にんにく(みじん切り)…½かけ分			塩、こしょう…各少々
卵黄…2個分			水…⅓カップ
オリーブオイル…大さじ½			粗びき黒こしょう…少々

作り方

1 ベーコンは7～8mm幅に切る。

2 スパゲティーは塩適量(分量外)を加えた熱湯で、袋の表示より1分ほど短くゆでる。

3 フライパンにオリーブオイル、にんにくを入れて中火で熱し、香りが立ったら1を加えて炒める。しんなりとしたら、Aを混ぜ合わせて加える。弱めの中火で1分ほど煮立たせ、2を加えて混ぜ合わせ、火を止める。

4 3に卵黄をほぐして加え、手早く混ぜ合わせる。器に盛り、黒こしょうをふる。

小えびとブロッコリーの
豆乳クリームパスタ

細かく刻んだブロッコリーが食べやすく、ソースをたっぷり
含みます。クリームチーズと豆乳の相性もバツグン！

材料（1人分）

スパゲティー…80 g

むきえび…7〜8尾（80 g）

ブロッコリー…⅓株（80 g）

オリーブオイル…大さじ½

クリームチーズ…20 g

A　豆乳…½カップ

片栗粉…小さじ⅔

塩…ひとつまみ

こしょう…少々

作り方

1　むきえびはあれば背ワタを取る。ブロッコリーは小房に分け、さらに細かく刻む。

2　スパゲティーは塩適量（分量外）を加えた熱湯で、袋の表示より1分ほど短くゆでる。途中でゆで汁大さじ2を取り分ける。

3　フライパンにオリーブオイルを入れて中火で熱し、1 を入れて3分ほど炒める。ブロッコリーがしんなりとしたら、2 のゆで汁、クリームチーズを加え、チーズを混ぜながら溶かす。

4　3 に混ぜ合わせた A、2 の麺を加えてさっと和える。

じゃことクレソンの
ペペロンチーノ

ピリッと辛味を効かせたパスタにじゃことクレソンを加えて。
香りの強い食材のおいしさを引き立ててくれるのも
ペペロンチーノの魅力。

材料(1人分)

スパゲティー…80g

ちりめんじゃこ…大さじ3

クレソン…½束

赤唐辛子(輪切り)…1本分

にんにく(みじん切り)
…½かけ分

オリーブオイル…大さじ½

塩、こしょう…各少々

作り方

1 クレソンは茎の固い部分を切り落とし、2cm長さのざく切りにする。

2 スパゲティーは塩適量(分量外)を加えた熱湯で、袋の表示より1分ほど短くゆでる。途中でゆで汁大さじ2を取り分ける。

3 フライパンにオリーブオイル、にんにく、赤唐辛子を入れて中火で熱し、香りが立ったらちりめんじゃこを加えて炒める。

4 3に1、2、塩、こしょうを加え、さっと和える。

肉みそとししとうの
ピリ辛パスタ

肉みそストックを使ったアレンジパスタ。
キムチと肉みそで手軽に、パンチのある味が決まるから、
手早く簡単に作れます。

材料(1人分)

スパゲティー…80 g

肉みそストック(P16参照)…⅓量

白菜キムチ…30 g

ししとう(小口切り)…5本分

A｜ ごま油…小さじ1
｜ しょうゆ、ラー油…各少々

作り方

1 スパゲティーは塩適量(分量外)を加えた熱湯で、袋の表示より1分ほど短くゆでる。途中でゆで汁大さじ2を取り分ける。

2 白菜キムチは食べやすく切る。肉みそは耐熱容器に入れてふんわりとラップをかけ、電子レンジで1分ほど温める。

3 ボウルに1、2、Aを入れてさっと和える。器に盛り、ししとうをのせる。

牛肉とごぼうのきんぴらパスタ

人気のおかずとスパゲティーがいっしょになると、
これがとっても合うから不思議！
麺がしっかり味を含むからお弁当にも。

材料（1人分）

スパゲティー…80g
牛切り落とし肉…70g
ごぼう…¼本（50g）
ごま油…小さじ1

A│ しょうゆ、酒、みりん
│ …各小さじ2
│ 赤唐辛子（輪切り）
│ …⅓本分
│ 白すりごま…大さじ½

作り方

1　ごぼうはささがきにして、さっと水にさらし、水気をきる。

2　スパゲティーは塩適量（分量外）を加えた熱湯で、袋の表示より1分ほど短くゆでる。途中でゆで汁大さじ2を取り分ける。

3　フライパンにごま油を入れて中火で熱し、1を入れて炒める。2分ほど炒めてしんなりとしたら、牛肉を加える。肉の色が変わったら、Aを加え、炒め合わせる。

4　3に2を加え、さっと和える。

豚カルビのねぎ塩パスタ

焼き肉のおいしさをそのままパスタにアレンジしたシンプルな
組み合わせ。こんがり焼いた豚肉は食べごたえがあります。

材料(1人分)

スパゲティー…80g
豚バラ焼き肉用…5枚(100g)
長ねぎ…1本
塩、粗びき黒こしょう…各少々
ごま油…小さじ1
万能ねぎ…適量

作り方

1 豚肉は塩、粗びき黒こしょう各少々(分量外)をふる。長ね
   ぎは斜め切りにする。

2 スパゲティーは塩適量(分量外)を加えた熱湯で、袋の表
   示より1分ほど短くゆでる。途中でゆで汁大さじ2を取り分
   ける。

3 フライパンにごま油を入れて中火で熱し、1の豚肉を焼き
   つける。両面こんがりと焼けたら、1の長ねぎを加え、さっ
   と炒める。

4 3に2、塩、粗びき黒こしょうを加えて、さっと和える。器に
   盛り、万能ねぎを添える。

生ハムとセロリの
コンソメスープパスタ

生ハムのピンクとセロリのグリーンが鮮やかな
おしゃれなスープパスタ。
ちょこっと添えた粒マスタードもアクセントになっています。

材料（1人分）

スパゲティー…80ｇ
生ハム…2枚
セロリ…½本
にんにく（みじん切り）…¼かけ分
オリーブオイル…小さじ1

A｜洋風スープの素…小さじ½
　｜塩…ふたつまみ
　｜こしょう…少々
　｜水…1カップ
セロリの葉（ちぎる）、
　粒マスタード…各適量

作り方

1　生ハムは半分に切る。セロリは斜め切りにする。

2　スパゲティーは塩適量（分量外）を加えた熱湯で、袋の表示より1分ほど短くゆでる。

3　フライパンにオリーブオイル、にんにくを入れて中火にかけ、香りが立ったら1のセロリを加えて炒める。セロリがしんなりしたらAを加え、煮立ったら弱めの中火で3分ほど煮る。

4　3に2を加え、さっと混ぜる。器に盛り、生ハム、セロリの葉、粒マスタードをのせる。

あさりと小松菜の
和風だしパスタ

あさりのだしが香るたっぷりスープで楽しむ和風パスタ。
ほっとする滋味あふれるおいしさで
スープも残さず食べたくなります。

材料(1人分)

スパゲティー…80g

あさり(砂抜きずみ)…100g

小松菜…⅕束(50g)

しょうが(せん切り)…⅓かけ分

A　だし汁…1カップ

　　しょうゆ…大さじ½

　　塩…ひとつまみ

作り方

1　あさりは殻と殻をこすり合わせて洗う。小松菜は5cm長さに切る。

2　スパゲティーは塩適量(分量外)を加えた熱湯で、袋の表示より1分ほど短くゆでる。

3　フライパンにAを入れて混ぜ合わせ、中火にかける。煮立ったら、1のあさり、小松菜、しょうがを加え、弱めの中火で、あさりの殻が開くまで3分ほど煮る。

4　3に2を加え、さっと混ぜる。

Column 07

パスタの
ちょい足しアレンジ

そのまま食べてもいいけれど、
少しだけ味に変化をつけたいときは「ちょい足し」がおすすめ。
分量は味を見ながらお好みで調節してください。

粉チーズ＋粗びき黒こしょう
ペッパーチーズ
マイルドな粉チーズに黒こしょうの辛味がアクセント。

コチュジャン＋マヨネーズ＋レモン汁
コチュマヨレモン
マヨネーズにコチュジャンをプラスして韓国風に。

白すりごま＋七味唐辛子
ごま七味
白ごまと七味の豊かな香りが立ち、いろいろな麺と相性◎。

ゆかり＋青のり
ゆかり青のり
濃厚な味の料理にさわやかな風味が加わる和風コンビ。

ドライバジル＋カレー粉
カレーバジル
肉にも魚にも合って、ひとふりでエスニック風味をプラス。

PART5
そば・そうめん

のど越しがよくて、つるつるっと食べられる
そば＆そうめん。
さっぱりしているだけじゃなく、
意外な食材とも合うんです。
ぜひお試しあれ。

ちくわとオクラの辛子和えそば

小口切りにしたちくわとオクラは
しっかり歯ごたえが楽しめます。
辛子が効いてさっぱりしているので飲んだ後にも最適。

材料（1人分）

そば（乾麺）…100g

ちくわ…2本

オクラ…5本

A｜ 麺つゆ（3倍濃縮）…大さじ1と½

　｜ 練り辛子…小さじ⅓

　｜ 冷水…大さじ2

練り辛子…適宜

作り方

1　ちくわは小口切りにする。オクラは塩少々（分量外）をこすりつけて洗い、熱湯で1分ほどゆでる。冷水にとって冷まし、小口切りにする。

2　そばは熱湯でゆでる。冷水で洗い、水気をきる。

3　ボウルにAを入れて混ぜ合わせ、1、2を加えて和える。器に盛り、好みで練り辛子を添える。

トマトチーズそば

フレッシュトマトとオリーブオイル、麺つゆがマッチした
夏にぴったりのそばが誕生。クセになる組み合わせです。

材料(1人分)

そば(乾麺)…100g

トマト…1個(150g)

A | 麺つゆ(3倍濃縮)…大さじ1
  | オリーブオイル…大さじ½

粉チーズ、パセリ(みじん切り)…各適量

作り方

1 トマトは1cm角に切る。

2 そばは熱湯でゆでる。冷水で洗い、水気をきって器に盛る。

3 ボウルにAを入れて混ぜ合わせ、1を加えて和える。2に
  かけ、粉チーズ、パセリをふる。

納豆とろろつけそば

丸ごと入った納豆がとろろやそばにからまって、
おいしくいただけます。
ネバネバ好きにはたまらない元気をもらえるつけそば。

材料(1人分)

そば(乾麺)…100g

長いも…60g

納豆…1パック

A 麺つゆ(3倍濃縮)…大さじ1

　　納豆の添付たれ…1袋

　　水…大さじ3

青のり…少々

作り方

1 長いもはすりおろす。ボウルに長いも、納豆、A を入れて混
　ぜ合わせ、器に盛って青のりをふる。

2 そばは熱湯でゆでる。冷水で洗い、水気をきって器に盛る。

3 2 を 1 につけていただく。

せん切り野菜と
かにかまの和えそば

ごまと塩のシンプルな味付けだからこそ、
素材の味を感じられます。
野菜のシャキシャキ感がうれしいサラダ感覚の一品です。

材料(1人分)

そば(乾麺)…100 g

きゅうり…⅓本

にんじん…⅕本(30 g)

長ねぎ…¼本

かに風味かまぼこ…5本

A | ごま油…大さじ½
  | 白いりごま…大さじ½
  | 塩…小さじ⅓

作り方

1 きゅうり、にんじん、長ねぎはせん切りにする。かまぼこは
  手でさく。

2 そばは熱湯でゆでる。冷水で洗い、水気をきる。

3 ボウルに A を入れて混ぜ合わせ、2 を加えて和える。1 を
  加え、さっと和える。

揚げ玉親子そば

鶏肉と半熟卵の親子そばは、文句なしの相性のよさ。
揚げ玉を加えるとそばがよくからみ、ボリュームもアップします。

材料(1人分)

そば(乾麺)…100g

鶏もも肉…½枚(120g)

玉ねぎ…¼個

卵…1個

揚げ玉…大さじ5

A　麺つゆ(3倍濃縮)…大さじ4

　　水…1と½カップ

作り方

1　鶏肉は小さめのひと口大、玉ねぎは薄切りにする。卵は粗く溶きほぐす。

2　そばは熱湯でゆでる。冷水で洗い、水気をきる。

3　鍋にAを入れて中火にかけ、煮立ったら1の鶏肉、玉ねぎを加える。再び煮立ったらアクを取り、弱めの中火で3〜4分煮る。

4　2を熱湯でさっと温め、器に盛る。3に揚げ玉を加え、1の溶き卵を流し入れ、半熟になったら火を止め、そばにかける。

生ハム南蛮そば

温かいつゆで生ハムに自然に火が通り、
半生のハムをいただけるのもおいしいポイント。
鴨南蛮に勝るとも劣らぬ組み合わせです。

材料(1人分)

そば(乾麺)…100g
生ハム…3枚
長ねぎ…1本
サラダ油…小さじ1
A｜ 麺つゆ(3倍濃縮)…大さじ4
　｜ 水…1と½カップ

作り方

1 生ハムは半分に切る。長ねぎは5cm長さに切る。フライパンにサラダ油入れてを強めの中火で熱し、長ねぎをこんがりと焼きつけ、取り出す。

2 そばは熱湯でゆでる。冷水で洗い、水気をきる。

3 鍋にAを入れて中火にかけ、ひと煮立ちさせる。

4 2を熱湯でさっと温め、器に盛る。1をのせ、3をかける。

なすとおかかの
ごまみそつゆそば

しょうがやセロリで風味をプラスすると、
なすのクセのない旨味が引き立ちます。
ごまみそやおかかでコクを加え、味をしっかりまとめます。

材料(1人分)

そば(乾麺)…100 g	A だし汁…¼ カップ
なす…1本	みそ…小さじ2
セロリ…¼ 本	しょうが(すりおろす)
削り節…小1袋(3 g)	…¼ かけ分
	白すりごま
	…大さじ1と½
	砂糖…小さじ½

作り方

1 ボウルに水1カップ、塩小さじ2(各分量外)を入れて混ぜ、
　薄い輪切りにしたなすを入れる。キッチンペーパーをかぶせ、
　10分ほどおいて水気を絞る。セロリは斜め薄切りにする。

2 そばは熱湯でゆでる。冷水で洗い、水気をきって器に盛る。

3 1、削り節をざっくりと和えて2にのせ、Aを混ぜ合わせて
　かける。

豚バラときのこのつけそば

ちょっとお肉が残ったときなど、冷蔵庫にある
野菜でできちゃう簡単つゆ。いろいろな野菜で
アレンジできる、覚えておくと便利なレシピです。

材料(1人分)

そば(乾麺)…100 g

豚バラ薄切り肉…60 g

しいたけ…1 枚

長ねぎ…¼ 本

A 麺つゆ(3倍濃縮)…大さじ3
水…1カップ

七味唐辛子…少々

作り方

1 豚肉は1.5cm幅に切り、しいたけは薄切り、長ねぎは斜め
　 薄切りにする。

2 鍋に A を入れて中火にかける。煮立ったら 1 の豚肉を加え、
　 再び煮立ったらアクを取る。1 のしいたけ、長ねぎを加え、
　 2〜3分煮る。

3 そばは熱湯でゆでる。冷水で洗い、水気をきって器に盛る。
　 2 を器に盛り、七味唐辛子をふる。そばをつゆにつけてい
　 ただく。

ソースバターコーン焼きそば

2種類のソースを使ったコクのある焼きそば。
バターとたっぷりのコーンでまろやかさも加わって
子どもも大好きな味に。

材料(1人分)

そば(乾麺)…100g

ホールコーン缶…½缶(約100g)

バター…10g

A｜ 中濃ソース…大さじ2
　｜ オイスターソース…大さじ1

粗びき黒こしょう…少々

作り方

1　コーンは汁気をきる。

2　そばは熱湯でゆでる。冷水で洗い、水気をきる。

3　フライパンにバターを入れて中火で熱し、バターが溶けた
　　ら1を加えてさっと炒める。2、Aを加え、炒め合わせて器
　　に盛り、黒こしょうをふる。

豚しゃぶ梅おろしそうめん

暑さに負けそうなときにあっさり食べられるお助け麺。
梅干しと大根おろしの程よい酸味がポイントです。

材料(1人分)

そうめん…2束(100 g)

豚しゃぶしゃぶ用肉…5枚(50 g)

大根おろし…50 g

梅干し…1個

A 麺つゆ(3倍濃縮)…大さじ1と½
　 冷水…¼カップ

青じそ(ちぎる)…適量

作り方

1 熱湯に塩、酒少々(各分量外)を加え、豚肉をさっとゆで、
　 ざるにあげて冷ます。大根おろしは汁気をきる。梅干しは
　 種を取り、粗くたたく。

2 そうめんは熱湯でゆでる。冷水で洗い、水気をきって器に
　 盛る。

3 2に1をざっくりと和えてのせ、混ぜ合わせたAをかける。
　 青じそを散らす。

きゅうりともやしの
ビビン風そうめん

シャキシャキのもやしときゅうりが後を引くおいしさ。
ナンプラーやコチュジャンを使えば
簡単に本格的な味が楽しめます。

材料(1人分)

そうめん…2束(100ｇ)	A｜トマトジュース(無塩)
きゅうり…½本	…¼カップ
もやし…½袋(100ｇ)	酢…大さじ½
ゆで卵…1個	ナンプラー…小さじ1
韓国のり(ちぎる)…適量	ごま油…小さじ1
	コチュジャン…大さじ1

作り方

1 きゅうりは縦半分に切って斜め薄切りにする。もやしは熱
  湯でさっとゆで、ざるにあげて水気をきって冷ます。ゆで卵
  は半分に切る。

2 そうめんは熱湯でゆでる。冷水で洗い、水気をきる。

3 ボウルにAを入れて混ぜ合わせ、2を加えて和え、器に盛る。
  1をのせ、韓国のりを添える。

卵だけのそうめんチャンプルー

おかずにも、おつまみにもぴったりのそうめんチャンプルー。
ふわふわの卵がそうめんにからまって、
やさしい味が広がります。

材料（1人分）

そうめん…2束（100ｇ）

卵…2個

塩、こしょう…各少々

ごま油…大さじ1

A｜酒…大さじ1

　｜にんにく（すりおろす）…¼かけ分

　｜塩…小さじ⅓

　｜しょうゆ、砂糖、こしょう…各少々

万能ねぎ（小口切り）…適量

作り方

1　ボウルに卵を溶きほぐし、塩、こしょうを混ぜ合わせる。

2　そうめんは、熱湯で袋の表示より30秒ほど短くゆでる。冷
　　水で洗って水気をきり、ごま油大さじ½を混ぜ合わせる。

3　フライパンにごま油大さじ½を入れて強めの中火で熱し、
　　1を流し入れる。大きく混ぜ、半熟状になったら2、Aを加
　　え、強火で手早く炒める。器に盛り、万能ねぎをふる。

189

あさりのフォー風そうめん

いつもと違ったそうめんが食べたい……というときに
おすすめなのがこれ。見た目もフォーにそっくりで
旨味たっぷりのスープは箸が止まりません。

材料(1人分)

そうめん…2束(100g)

あさり(砂抜きずみ)…100g

もやし…½袋(100g)

パクチー(ざく切り)、

レモン(くし形切り)…各適量

A 鶏ガラスープの素…小さじ½

レモン汁…小さじ2

ナンプラー…大さじ1

赤唐辛子(輪切り)…1本分

塩…小さじ¼

水…2カップ

作り方

1 あさりは殻と殻をこすり合わせて洗う。

2 鍋にたっぷりの湯を沸かし、もやしをさっとゆで、網ですくっ
  て取り出し、ざるにあげて水気をきる。続けてそうめんをゆで、
  冷水で洗って水気をきる。

3 鍋にAを入れて混ぜ合わせ、中火にかける。煮立ったらあ
  さりを加え、口が開くまで煮る。2のそうめんを加えてさっ
  と温め、器に盛る。2のもやしをのせ、パクチー、レモンを
  添える。

ささみとわかめの 柚子こしょうにゅうめん

そのまま食べればやさしい味わい、薬味代わりの柚子こしょうをつけながら食べると
ピリッと柚子の香りが広がって違った味を楽しめます。

材料(1人分)

そうめん…2束(100g)	A だし汁…2カップ
鶏ささみ肉…1本(50g)	酒…大さじ½
わかめ(乾燥)…小さじ1	塩…小さじ⅓
しょうゆ…大さじ½	
柚子こしょう…適量	

作り方

1 ささみは筋を取る。鍋にAを入れて混ぜ合わせ、中火にかける。煮立ったらささみを入れ、アクを取りながら3〜4分煮る。一度取り出し、菜箸で食べやすくさく。ゆで汁はそのまま取っておく。わかめはたっぷりの水で戻し、水気を絞る。

2 そうめんは熱湯でゆでる。冷水で洗い、水気をきる。

3 1の鍋にしょうゆを加えて、再び煮立たせる。2のそうめんを加えて温め、器に盛る。1のささみ、わかめをのせ、柚子こしょうを添える。

トマトつゆのサラダそうめん

トマトベースのつゆがひと味違ったおいしさの彩り麺。
さっぱりしたそうめんに、トマトとレモンの酸味、
アボカドの濃厚な旨味が加わって美味。

材料（1人分）

そうめん…2束（100ｇ）

レタス…1枚

アボカド…½個

黄パプリカ…⅙個

A｜　トマトジュース（無塩）…¼カップ
　｜　しょうゆ…大さじ1
　｜　レモン汁…小さじ1
　｜　ごま油…小さじ1

作り方

1　レタスはひと口大にちぎる。アボカドは薄切りに、黄パプリ
　　カは縦に薄切りにする。

2　そうめんは熱湯でゆでる。冷水で洗って水気をきり、器に
　　盛る。

3　1をボウルでざっくりと混ぜ、2にのせる。混ぜ合わせたA
　　をかける。

きゅうりとしょうがの
もずく酢そうめん

とろっと麺にからみ、後味さっぱりのもずく酢のつけ汁。
そうめんはひと口分ずつ丸めて盛りつけると取りやすく
見た目もきれいです。

材料(1人分)

そうめん…2束(100g)

きゅうり…¼本

しょうが(すりおろす)…¼かけ分

A　味付きもずく(市販)…1パック(70g)

　　麺つゆ(3倍濃縮)…大さじ1

　　レモン汁…小さじ1

　　冷水…½カップ

作り方

1　きゅうりは小口切りにしてボウルに入れる。塩少々(分量外)
　　をふってひと混ぜし、5分ほどおいて水気を絞る。

2　そうめんは熱湯でゆでる。冷水で洗って水気をきり、器に
　　盛る。

3　Aを混ぜ合わせて器に盛り、1のきゅうりとしょうがをのせる。
　　2のそうめんをつけていただく。

あっさり薬味塩にゅうめん

薄い色のおだしに色鮮やかな薬味が映える温かい麺。
夏の疲れがたまったときに調子を整えてくれる一杯です。

材料(1人分)

そうめん…2束(100ｇ)

みょうが…1個

しょうが…1かけ

万能ねぎ…2本

梅干し…1個

A　だし汁…2カップ

　　酒、薄口しょうゆ…各大さじ½

　　塩…小さじ⅓

作り方

1　みょうが、しょうがはせん切り、万能ねぎは斜め切りにして
　　水にさらし、水気をきる。

2　そうめんは熱湯でゆでる。冷水で洗って水気をきる。

3　鍋にAを入れて混ぜ合わせ、中火にかける。煮立ったら2
　　を加えて温め、器に盛る。1をボウルでざっくりと混ぜてのせ、
　　梅干しをのせる。

トマトとアンチョビの オリーブじょうゆそうめん

たっぷりのミニトマトが華やかな印象のそうめん。
具も調味料もシンプルなのに、
アンチョビの風味が加わって味わい深い一皿に。

材料(1人分)

そうめん…2束(100ｇ)

ミニトマト…8個

アンチョビ…2枚

A｜しょうゆ…小さじ2
　｜オリーブオイル…大さじ½

クレソン…適宜

作り方

1　ミニトマトは縦半分に切る。アンチョビは刻む。

2　そうめんは熱湯でゆでる。冷水で洗い、水気をきる。

3　ボウルに A を入れて混ぜ合わせ、2、1 を加え、ざっくりと
　　和える。器に盛り、あればクレソンを添える。

本書は、『ひとり分から作れる麺の本』（2014年7月／小社刊）を文庫化したものです。

底本 Staff

撮影	鈴木泰介
スタイリング	深川あさり
デザイン	鈴木あづさ（細山田デザイン事務所）
イラスト	塩川いづみ
編集協力	守屋かおる（margo）
校正	西進社
料理アシスタント	中村千寿子
	細井美波
	成瀬有紀

市瀬 悦子（いちせ・えつこ）

フードコーディネーター、料理研究家。「おいしくて作りやすい料理」をテーマに、雑誌、新聞、テレビなどで活躍している。著書に『おべんとうの小さなおかずカタログ』（主婦の友社）、『バターを使わないグラタンレシピ』、『初めてでもおいしく作れる絶品サラダ』（ともに小社）ななど。

マイナビ文庫

ひとり分から作れる麺の本

2017 年 10 月 31 日　初版第 1 刷発行

著　者　　市瀬悦子
発行者　　滝口直樹
発行所　　株式会社マイナビ出版
　　　　　〒 101-00C3 東京都千代田区一ツ橋 2-6-3 一ツ橋ビル 2F
　　　　　TEL 0480-38-6872（注文専用ダイヤル）
　　　　　TEL 03-3556-2731（販売）／ TEL 03-3556-2735（編集）
　　　　　URL http://book.mynavi.jp

カバーデザイン　　米谷テツヤ（PASS）

印刷・製本　　図書印刷株式会社

◎本書の一部または全部について個人で使用するほかは、著作権法上、株式会社マイナビ出版および著作権者の承諾を得ずに無断で複写、複製することは禁じられております。◎乱丁・落丁についてのお問い合わせは TEL 0480-38-6872（注文専用ダイヤル）／電子メール sas@mynavi.jp までお願いいたします。◎定価はカバーに記載してあります。

©Etsuko Ichise 2017 ／ ©Mynavi Publishing Corporation 2017
ISBN978-4-8399-6421-4
Printed in Japan

プレゼントが当たる！ マイナビ BOOKS アンケート

本書のご意見・ご感想をお聞かせください。
アンケートにお答えいただいた方の中から抽選でプレゼントを差し上げます。
https://book.mynavi.jp/quest/all

MYNAVI BUNKO

初めてでもおいしく作れる
絶品サラダ

市瀬悦子 著

毎日の献立に必ずといっていいほど登場するサラダです
が、使う野菜や味付けはワンパターンになりがちです。
そこで本書では、定番サラダからごちそう感のあるデリ風
サラダまで、さまざまなバリエーションのサラダレシピを
紹介します。サラダ作りの基本やドレッシングのポイント
などもあり、料理が初めての人でも気軽に作れる内容です。

定価　本体740円＋税

M Y N A V I **B U N K O**

はじめてさんでもおいしく作れる
基本レシピ
ひとりぶん料理の教科書

福田淳子 著

これまでほとんど料理をしてこなかった、超初心者必見!「料理って難しそう」「料理は大の苦手!」「そもそも、作ったことがない!」。そんな方が、おいしいごはんを作れるようにさまざまな工夫を散りばめた一冊です。誰が作っても失敗しないように、作り方はどれもいたってシンプル。オムレツやハンバーグなど、一度は作ってみたいオーソドックスなレシピを、すべてひとり分で作れる量でご紹介しています。文庫サイズで持ち運びがラクなのも、買い物時には便利です。

定価　本体740円＋税

MYNAVI BUNKO

たれとソースの
ラクうま便利帖

みなくちなほこ 著

たれとソースのレシピ集です。
定番料理も、たれのバリエがあればマンネリ打破！
本書ではたれとソースは80種類以上、展開レシピは90
品以上とたっぷり収録。
文庫サイズなのでキッチンに置いてもジャマにならず、味
つけに困ったときパッと開いて答えが見つかる、とっても
便利な一冊です！

定価　本体740円＋税